Merci à Anne-Sophie et à Céline
d'avoir imaginé Vito en librairie.
F. A.

Merci à Vito de me rappeler cette citation :
« La vie, ce n'est pas d'attendre que l'orage passe,
c'est d'apprendre à danser sous la pluie. »
C. L.

À ma famille.
M. G.

Casterman
Rue Haute 139
1000 Bruxelles

www.casterman.com

ISBN : 978-2-203-24433-7
N° d'édition : L.10EJDN002673.N001

Mise en page intérieure : Isabelle Dumontaux
Achevé d'imprimer en avril 2023, en Roumanie par Rotolito
(Sos. Cernica 61, 077145 Pantelimon Jud Ilfov, Bucarest)
Dépôt légal : septembre 2023 ; D.2023/0053/167
Déposé au ministère de la Justice, Paris (loi n°49.956 du 16 juillet 1949
sur les publications destinées à la jeunesse).

Retrouvez Capucine Lewalle sur son compte Instagram : @capucinelewalle_auteur

Certifié PEFC
Ce produit est issu de forêts gérées durablement et de sources contrôlées
PEFC
PEFC/46-31-13
www.pefc.ro

F. Angelini – C. Lewalle – M. Guitart

Vito

Le chien qui donne la ~~papatte~~ patate

La grosse sluuurprise

casterman

Voici Vito.

Vito n'est pas le genre de chien à donner la papatte.
En revanche, il donne la patate à toutes celles et ceux qui le croisent.
Normal, son sourire est contagieux :
Vito est un chien qui rigolouille !
Qui rigolouille ? **Oui, qui rigolouille !**
Comme de bonnes grosses chatouilles !

Et voici ses amis...

Rudy

Elle bougonne tout le temps
et ne sourit qu'une fois par an.

Wawa

Au volant de son cabriolet,
pas de doute, c'est le plus stylé !

Dans la bande du quartier,
il y a aussi **Salsa**, **Félichien**, **Mimosa**,
et même **Carbone** le corbeau...

D'habitude, le matin, Vito est TRÈS content.
Mais aujourd'hui, c'est différent : il est TRÈS TRÈS content car, pour le petit déjeuner, il a mangé une pizza géante.
Il est prêt à profiter de cette journée qui s'annonce excellente.

Alors qu'il se promène gaiement dans le quartier, Vito croise Rudy. Devant sa mine abattue, il lui demande :

– Ça ne va pas ? On dirait que quelque chose te contrarie…

– Oui, j'ai passé une très mauvaise nuit ! Et en plus je m'ennuie. Parfois, je me dis que la vie est pourrie.

– Et moi, je te garantis que je vais te faire changer d'avis, s'exclame Vito, toujours aussi réjoui.

– J'ai une idée… Et si je t'emmenais dans un lieu que j'adore ? s'enthousiasme Vito.

– De quoi parles-tu ? marmonne Rudy, pas très motivée.

– Je te garde la surprise mais, crois-moi, ça va te redonner la patate. Je suis sûr que tu vas applaudir des quatre pattes ! Allez, suis-moi…

– C'est bien parce que je n'ai rien d'autre à faire, bougonne Rudy en lui emboîtant le pas.

Sur le chemin, Vito s'amuse d'un rien :

– Oh ! Un nuage en forme d'artichaut, c'est trop rigolo !

Huuum ! Un vieux chewing-gum tout mâchouillé, voilà de quoi se régaler.

Hé ! Regarde ma langue, on dirait une limace, blague-t-il en faisant une grimace.

Mais à force de rigoler, Vito a pris un drôle de chemin.

– Argh ! Je crois que nous sommes perdoudouilles.

– Perdoudouilles ?

– **Oui, perdoudouilles ! Comme des andouilles !**

– Mais c'est épouvantable ! Cette journée est vraiment pire qu'une journée sans caresse ! gémit Rudy en détresse.

– Ne t'inquiète pas ! On va trouver une solution ! répond Vito, plein d'optimisme. Il suffit que je me hisse en haut de cette gouttière pour retrouver mes repères.

Et à peine a-t-il fini sa phrase que le voilà déjà en train de grimper.

Du haut de son perchoir, Vito aperçoit toute la ville :
– Là, c'est la maison du toiletteur… Là, le resto qui sent le chou-fleur… Et là, l'usine et sa cheminée. Allez hop, allons dans cette direction !

Mais sous le poids de Vito, la gouttière commence à plier…
– Oh là là ! s'inquiète Rudy en voyant la catastrophe arriver. Il va se casser en mille morceaux, s'aplatir le museau, se cabosser le dos… Cette fois, c'est sûr, c'en est fini de Vito !

Patatras ! Ça y est ! La gouttière dégringole et Vito s'écrase au sol !

– Aïe aïe aïe ! s'écrie-t-il dans un grand fracas.

En voyant Vito à terre, Wawa, qui passait par là, freine aussitôt.

– Mon pauvre ! s'exclame-t-il en sortant de son auto. Ta patte est bibiscornue !

– Bibiscornue ?

– **Oui, bibiscornue ! Comme un vieux clou tordu !**

Rudy gémit :

– Et voilà. Adieu ma surprise ! Tu ne risques plus de me montrer ton lieu secret…

– Cette fois tu as raison, soupire Vito, anéanti. Je crois qu'il va falloir qu'on s'arrête là.

– De quoi parlez-vous ? s'inquiète Wawa.

– Je voulais emmener Rudy dans un lieu génial, lui faire une surprise phénoménale mais, si je ne peux plus marcher, c'est complètement raté.

Wawa se met à réfléchir :

– Non, attends, tu as évité le pire… Tu ne peux plus marcher, mais tu peux conduire ! Je vais te prêter ma voiture, comme ça, vous pourrez aller dans ton lieu génial malgré ta blessure.

– Oh, merci Wawa ! Tu es vraiment un ami, s'exclame Vito, aussi joyeux qu'un cocker qui ouvre ses cadeaux d'anniversaire.

– Et puis après, nous irons chez le vétérinaire. J'en connais un du tonnerre, ajoute Wawa, ravi de pouvoir aider.

Et voilà nos deux amis à bord du bolide qui roule à fond la caisse.

– Youhouuuuu ! J'ai les oreilles qui sifflotent et les moustaches qui clapotent ! hurle Vito. J'adore cette sensation de vitesse !

Alors qu'ils s'approchent d'une usine, Rudy s'écrie :

– Vitoooooo… Ralentiiiiis !

– Ahhhh ! À cause de ma patte amochée, je n'arrive pas à freiner ! s'affole Vito.

– On va se carambouiller ! panique Rudy.

– Se carambouiller ?

– **Oui, se carambouiller ! Comme des œufs brouillés !**

La voiture, solide comme un roc, percute les portes du bâtiment qui s'ouvrent sous le choc. Puis, continuant sur sa lancée, la décapotable termine sa course dans une pile de gros paquets.

Alors que Vito et Rudy croient s'en être sortis indemnes, ils voient les paquets chanceler…

– Attention ! Ça va nous tomber sur la tête ! s'écrie Vito.

– On va être rataplatis ! crie Rudy.

– Rataplatis ?

– **Oui, rataplatis ! Comme des bananes pourries !**

– Vite, sortons de la voiture ! hurlent Vito et Rudy en décampant.

Ouf, il était temps ! Les paquets s'écroulent brusquement. Mais dans leur chute, une délicieuse odeur se répand…

– C'est quoi ces… ? Sluuurpp ! interroge Rudy.

– Des croquettes pour chiens. Tu vas voir, elles sont si bonnes qu'elles taquinent les babines et titillent les papilles, s'exclame Vito fièrement.

qui commence étrangement à saliver.
– Alors c'était ça ton lieu sluuurprise… heu… surprise ? questionne Rudy en bavant de joie.

– Oui, c'est la meilleure usine de croquettes au monde ! Allez, bon appétit, s'écrie Vito qui se goinfre déjà.

– C'est vrai qu'elles sont sluuuper bonnes ! ajoute Rudy avec un sourire béat.

Pendant des heures, Vito, Rudy et Wawa s'empiffrent et font la fête.

– C'est la première fois que je fais du toboggan sur des croquettes, s'exclame Wawa déchaîné.

– Et moi, la première fois que j'en mange deux cents d'affilée, déclare Rudy surexcitée.

– Je me régale tellement que je n'ai même plus mal à la patte, se réjouit Vito.

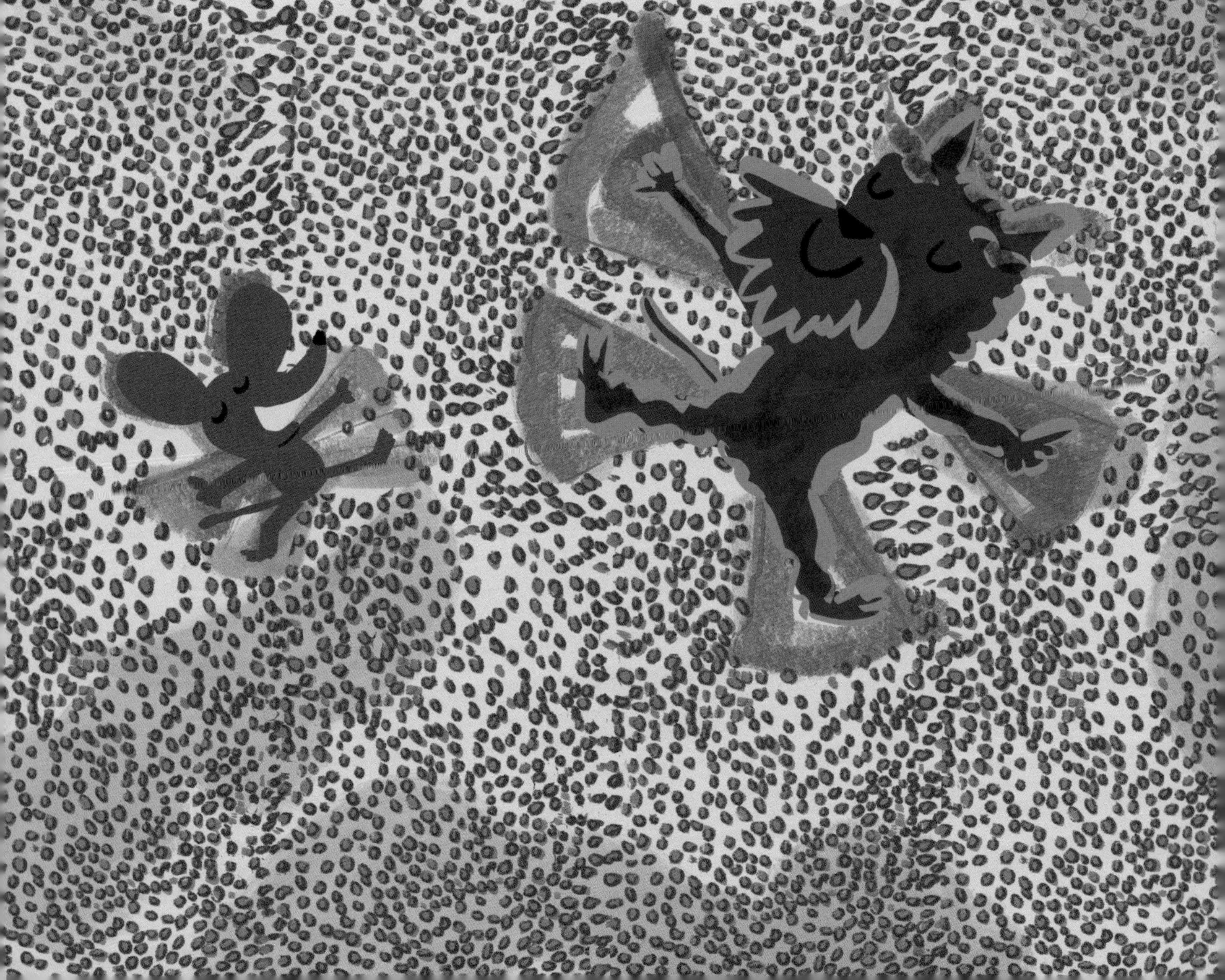

Et alors qu'ils s'amusent comme des fous, Rudy crie à Vito :

– Merci Vito ! C'était la meilleure sluuurprise de tous les temps ! Et puis tu avais raison… la vie est coucoule ! Grâce à toi, j'ai passé une journée de maboul !

Dans la vie aussi, Vito donne la patate
à toutes celles et ceux qui le croisent !

Eh oui, car Vito existe pour de vrai et fait le bonheur de Fabiana Angelini, sa maîtresse, qui est aussi à l'origine de cette série. Ces deux-là sont inséparables, et Fabiana l'emmène partout, jusque dans les endroits les plus fous !

Capucine Lewalle adore écrire des histoires de chiens... Chiens de traîneaux ou vieux toutous, gros baveux ou paresseux, ils sont tous ses chouchous !

Quant à Maria Guitart, ce qu'elle aime chez les chiens, c'est pouvoir les dessiner. Mais quand elle demande à Vito de prendre la pose, il vaut mieux se dépêcher... Heureusement qu'en deux coups de crayon, elle arrive à le croquer !

Retrouve Vito et ses amis
dans d'autres aventures !

La bouche
qui schmoucke

L'anniversaire
qui oranjoujouille